Wolf Biermann

Dein freches Lächeln küsse ich so gern

Die schönsten Liebesgedichte

Herausgegeben von
Andreas Öhler

| Hoffmann und Campe |

1. Auflage 2010

Copyright © 2010 by Wolf Biermann und Pamela Biermann

Copyright © 2010 by Hoffmann und Campe Verlag, Hamburg

www.hoca.de

Einbandgestaltung: Katja Maasböl, Hamburg

Satz: Kathleen Bernsdorf, Hamburg

Gesetzt aus der Weiss

Druck und Bindung: GGP Media GmbH, Pößneck

Printed in Germany

ISBN 978-3-455-40288-9

HOFFMANN
UND CAMPE

Ein Unternehmen der
GANSKE VERLAGSGRUPPE

Inhalt

Hohe Huldigung für die Geliebte

Und verschlossen deine Küsse
  Niemals meine Lippen mir
    Laut die Wahrheit auszuschrein
    In den leisen Würgejahren

Die grüne Schwemme

Jetzt wird mir leicht
Das Dunkel weicht
  aus unsrer warmen Scheune
Der Regen geht
Der Wind verweht
  die schwarzen Regenträume

Ich sing in Moll
Mein Herz ist voll
  von Spatzen und von Tauben
Der Tag wird schön
Du wirst schon sehn
  und meine Lieder glauben

Komm, fass mich an
Wir gehen dann
  in eine grüne Schwemme
Wir naschen Dill
Und du hältst still
  wenn ich dich zärtlich kämme

Die Ballade von der Sehnsucht, die müde macht

1

Wir trafen uns in der fremden Stadt
nach langer Zeit, nach langem Weg
Die Sehnsucht war ein Riesenrad
Wir trafen uns etwas zu spät
   Die Sehnsucht ist ein Riesenrad
   Das dreht sich sanft im Lärm
   Bist du oben, bin ich unten,
   Bist du unten, bin ich oben
   Und uns wird schlecht
   Vom vielen Drehn

2

Sie saß auf der Kommode müd'
und ich auf dem Koffer davor
Das Zimmer war kalt – zwei Betten getrennt –
mein Kopf lag in ihrem Schoß
Ich dachte an früher – ich dachte an nichts
und ihre Hand war rauh
Sie suchte den Weg durch meinen Schal
Ich weiß nicht mehr genau

Die Sehnsucht ist ein Riesenrad
Das dreht sich sanft im Lärm
Bist du oben, bin ich unten,
Bist du unten, bin ich oben
Und uns wird schlecht
Vom vielen Drehn

3

Der Regen ging in der fremden Stadt
ich lag auf meiner Seit'
und zwischen den Betten floss ein Fluss
von großer Müdigkeit
  Die Sehnsucht ist ein Riesenrad
  Das dreht sich sanft im Lärm
  Bist du oben, bin ich unten,
  Bist du unten, bin ich oben
  Und uns wird schlecht
  Vom vielen Drehn

Ballade von Leipzig nach Köln

Zur Messe in Leipzig, ein Kaufmann aus Köln
War jung und war reich und war schön
»Du Blonde, du Weiche, ich heirate dich
Kannst mit mir nach Westen gehn«

Im Opel Rekord ging es leicht nach Berlin
Nach Köln mit dem Flugzeug so schnell
»Du junger, du reicher, du schöner Mann
jetzt heiraten wir auf der Stell'!«

     Ach! mit dem Strom fahrn die Schiffe so schnell
     Auf dem Rhein dahin, dahin
     Ach! gegen den Strom geht es langsam zurück
     Ich weiß nicht, wie traurig ich bin

»Du Blonde, du Weiche, wir heiraten nicht
Ich erbe doch Vaters Fabrik
Ich kauf dir ein Häuschen in Düsseldorf
Damit meine Frau uns nicht sieht«

Der Rhein fließt unter den Brücken hin
Das Wasser voll Öl und voll Ruß
Die Lorelei stürzt in den Rhein
Damit sie nicht singen muss

Ach! mit dem Strom fahrn die Schiffe so schnell
Auf dem Rhein dahin, dahin
Ach! gegen den Strom geht es langsam zurück
Ich weiß nicht, wie traurig ich bin

Ach Freund geht es nicht auch dir so?

ich kann nur lieben
> was ich die Freiheit habe
>> auch zu verlassen:

dieses Land
diese Stadt
diese Frau
dieses Leben

Eben darum lieben ja
wenige ein Land
manche eine Stadt
viele eine Frau
aber alle das Leben

Osterlied

Für meine weiche Schleuse
   für meine enge Reuse
      wo sich der Fisch verfängt
      und sich zu Tode hängt

Für Tränen auf den Wangen
   für Küsse und Goldspangen
      auch für die Sonnenstrahlen
      die deine Schöne maln

Für eine warme Sonnen
   für unsre zarten Wonnen
      für eure groben Späße
      aufs Knie und aufs Gesäß

Für uns, die ohne Zeit sind
   für unser ungeboren Kind
      für den Soldat im letzten Glied
      sing ich, noch vor der Morgen kommt
      ein schönes und ein andres Lied

Ballade von der beißwütigen Barbara

Sie hat mich beim Küssen gebissen aufs Blut
Sie biss mir nicht nur den Mund
Und wie ich auch schrie – da lachte sie nur
So kam ich
          auf den Hund

Ich briet ihr ein Beefsteak mit Pfeffer und Salz
Für ihren beißgierigen Zahn
Sie lachte und schmiss es zum Fenster raus
Und küsste
          und biss mich dann

Ich war auf ihr Rad geflochten wie
Ein armer Küsseklau
Sie lachte ja nur, und sie brach mir so wild
Die Glieder
          die schlimme Frau

Es hatte mein armer geschundener Leib
Kein heiles Stück Haut und kein Fett
Doch als ich ihr sagte: bye-bye, mein Kind
Da biss sie
          in ihr Bett

Die Wunden sind lange ausgeheilt
Mich liebt jetzt die sanfte Marie
Doch wenn ich Marie im Arme halt
Dann denk ich
DANN DENK ICH
Dann denk ich

nicht an Marie

Auf den Dächern von Berlin

Lass mich deinen Rauchfang fegen
auf den Dächern von Berlin, Marie
Lass mich deinen Rauchfang fegen
auf den Dächern von Berlin

Auf den flachen Dächern, Schöne
wollen wir der Liebe pflegen

Komm, wir wollen uns die Straßen
jetzt von oben aus besehn, Marie
Komm, wir wollen uns die Straßen
jetzt von oben aus besehn

Und ich zeig dir kleine Menschen,
die nach Milch und Brötchen gehn

Komm, wir wolln uns was erzählen
von der guten neuen Zeit, Marie
Komm, wir wollen uns erzählen
von der guten neuen Zeit

Und dann gehn wir auf die Straßen
und verbreiten Heiterkeit

Fallen die Blätter der Rose

Fallen die Blätter der Rose
   müde in das Gras
      fallen des Sommers Lose
         bunt und ohne Maß

Fallen die Vögel vom Himmel
   Steine in dein' Schoß
      fegt der harte Hagel
         uns die Stirne bloß

Fallen auch deine Tränen
   Regen geht mit Macht
      Ruhe wird sich legen
         über diese Nacht

Winterlied

Ich hab die ganze Nacht vertan
Mit den alten Weibern am Küchenherd
Ihre schönen Geschichten bis in die Früh
Die waren nicht verkehrt

Wir aßen schwarzes Brot mit Schmalz
Und in die Nase ein Wein
Und einen krebsrotfröhlichen Hals
Beim Küchenfeuerschein

So saß ich bis in den Morgen hin
Und hörte so viel, so viel
Zu Haus lag meine junge Frau
Allein und winterkühl

Die Sonnenpferde

Deine Hand ist ein Zirkuszelt
über meinen Augen
mit großen Fetzen, da scheint die Sonne durch
auf die große Nachmittagsvorstellung
auf meiner Nase
trinken die Sonnenpferde
die weißen, die braunen
all meine Tränen
und trinken und trinken
die Bäuche sich voll
bis alles leer ist
trinken und trinken

Du nimmst deine Hand weg
von meinen Augen
aus –
die große Nachmittagsvorstellung

Du schaust in den Himmel
und hast die satten Sonnenpferde
nicht gesehen

Fällt mir der Himmel auf den Kopf

Fällt mir der Himmel auf den Kopf
Fall ich in einen Sumpf
Schlägt mich die Mietskaserne tot
Häng ich mich auf am Strumpf
Flieg ich mit einem Sputnik hoch
Und man vergisst mich da
– dass ich in tausend Jahren noch
Tot um die Erde fahr ...
   Alles das, du Schöne, ist
   wahrlich nicht vonnöten
   denn mit deiner Liebe könntest
   du mich schöner töten
   Und im Regen deiner Küsse
   möcht ich ohne Schirm dastehn
   und ertrinken in den Tränen
   wenn wir auseinandergehn

Muss ich in die Versammlung gehn
Hör ich ein Referat
Sterb ich im Sitzen auf dem Stuhl
Weil es kein Ende hat
Fress ich vom Lügenfraß so viel
Dass mir der Mund verfault
Bin ich ein Leichnam ohne Mund
Vor dem jedes Kind sich grault

Alles das, du Schöne, ist
wahrlich nicht vonnöten
denn mit deiner Liebe könntest
du mich schöner töten
Und im Regen deiner Küsse
möcht ich ohne Schirm dastehn
und ertrinken in den Tränen
wenn wir auseinandergehn

Kommt noch ein letztes Mal zur Erd
Der Kriegsgott Mister Mars
Und zerfetzt unsre Erde so
Wie einen runden Arsch
Dann bleibt an uns kein Härchen mehr
Keiner auch nicht, der weint
Und wir sind dann, was nützt uns das:
Im Tode erst vereint
Alles das, du Schöne, ist
wahrlich nicht vonnöten
denn mit deiner Liebe könntest
du mich schöner töten
Und im Regen deiner Küsse
möcht ich ohne Schirm dastehn
und ertrinken in den Tränen
wenn wir auseinandergehn

Frauen haben mich gefressen

Fraßen mich mit Haut und Haar
Mädchen haben mich besessen
Bis an mir nichts Gutes war
Andre aber mieden mich
Voller Hochmut, Spott, und kalt
Vorenthielten sie mir sich
Kalte Schönheit wird schnell alt
Je nachdem, doch mir verging
Immer bald der Appetit
Ob die Traube mir zu hoch
Oder mir zu niedrig hing

Doch Marie allein ist mild
Keusch und schamlos, sanft und wild

Kunststück

Wenn ich mal heiß bin
Wenn ich mal heiß bin
    lang ich mir 'ne Wolke runter
    und wring sie über mir aus
Kalte Dusche
        Kunststück

Wenn ich mal kalt bin
Wenn ich mal kalt bin
    lang ich mir die Sonne runter
    und steck sie mir ins Jackett
Kleiner Ofen
        Kunststück

Wenn ich bei ihr bin
Wenn ich bei ihr bin
    schwimmen Wolken mit uns runter
    rollt die Sonne gleich mit
Das ist Liebe
        Kunststück

Wenn ich mal müd' bin
Wenn ich mal müd' bin
    lang ich mir den lieben Gott runter
    und er singt mir was vor
Engel weinen
          Kunststück

Wenn ich mal voll bin
Wenn ich mal voll bin
    geh ich kurz zum Teufel runter
    und spendier Stalin ein Bier
Armer Alter
          Nebbich

Wenn ich mal tot bin
Wenn ich mal tot bin
    werd ich Grenzer und bewache
    die Grenz' zwischen Himmel und Höll'
Ausweis bitte!
          Kunststück

Von mir und meiner Dicken in den Fichten

Bloß paar schnelle Sprünge weg vom Wege
Legte ich ihr weißes Fleisch ins Gras
Mittagsonne brannte durch die Fichten
Als ich sie mit meinem Maße maß
Käfer krochen unter uns, es brachen
Heere Ameisen froh in uns ein
Etwa zwischen Bauch und Bauch zu baden
Oder irren zwischen Bein und Bein

Horden Mücken soffen sich von Sinnen
Stachen mich, weil ich ja oben schwamm
Bis ein Wolkenbruch, ein schneller greller
Uns in seine guten Arme nahm
Traubenschwere Wassertropfen fielen
Faul herab auf unsre heiße Haut
Und der wundermilde Guss von oben
Hat den großen Tod uns nicht versaut

Als ich endlich flach lag auf dem Rücken
Kippten meine Augen müde hoch
Einen Düsenjäger sah ich schweben
Durch ein aufgebauschtes Wolkenloch
Schwebte hin, schrieb einen sanften Bogen
Bis hinunter in das hohe Blau
Wieder brach die Sonne durch die Fichten
Und wir dampften im Nachmittagstau

Frühling auf dem Mont-Klamott

Der Winter lag im Sterben
Wir lebten immer noch
Aus Mietskasernen dampfte
Ein warmer Nebel hoch
Die Schornsteine erbrachen
Den fetten gelben Rauch
Und aus den Hinterhöfen
Stieg zart ein Frühlingshauch

> Da ging ich mit der Dicken
> die ersten Kätzchen pflücken
> trotz Magistratsverbot
> zum Mont-Klamott

Wir krochen durch Gestrüpp durch
Und latschten über Gras
Zum Liegen warn die Wiesen
Uns noch zu tot und nass
Die Apfelsinensonne
Schwamm groß im Hundeblau
Da wurde uns so mächtig
Und wurde uns so flau

Wir fühlten neue Kräfte
gewaltig stiegen Säfte
wir waren wieder flott
am Mont-Klamott

Wir küssten uns im Gehen
Und küssten uns im Stehn
Wir sahen Menge Menschen
Und wurden selbst gesehn
Ich rollte meine Schöne
Die steilen Hänge rauf
Sie kreischte, und ich lachte
Sie fiel, ich fing sie auf

Mensch, waren das Genüsse!
Uns schmeckten unsre Küsse
wie Ananaskompott
am Mont-Klamott

Und als wir oben standen
Die Stadt lag fern und tief
Da hatten wir vom Halse
Den ganzen deutschen Mief
Ich legte meine Hände
Auf ihren warmen Bauch

Und sagte: Süße Dicke
Fühlst du den Frühling auch?

Die Tauben und die Spatzen
Die ersten Knospen platzen
auf Trümmern und auf Schrott
am Mont-Klamott

Wir saßen auf dem Kehricht
Vom letzten großen Krieg
Die Dicke sprach von Frieden
Ich hörte zu und schwieg
Wir saßen, bis die Sonne
Im Häusermeer absoff
Sahn zu, wie da der Westen
Die rote Farbe soff

Auf Kirchen und auf Schloten
Dieselben roten Pfoten
Wir dankten Marx und Gott
am Mont-Klamott

Nicht sehen – nicht hören – nicht schrein
oder:
Ballade von meiner Mutter einzigem Sohn

1
Und als er endlich die A u g e n aufmachte
Na, was sah da wohl meiner Mutter einziger Sohn?
Da sah er bei hellichtem Tage die Nacht
die trübesten Geister voll strahlender Macht
Die Dunkelmänner auf lichtem Thron
– *das* sah da meiner Mutter Sohn
   als er die Augen aufmachte
Und sah da finstere Despotie
Und sah doch noch immer ganz gerne die
                             bleichen
Die birnweichen Knie von Eva-Marie

2
Und als er endlich die O h r e n aufmachte
Na, was hörte da wohl meiner Mutter einziger Sohn?
Da hörte er plötzlich wie totenstill
Das ist bei all dem Kriegsgebrüll
Die Stille vor der Explosion
– *die* hörte da meiner Mutter Sohn
   als er die Ohren aufmachte

Wie laut da des Volkes Schweigen schrie
Und er hörte noch immer ganz gerne die frechen
Liebreizenden Lieder von Eva-Marie

3
Und als er endlich den M u n d aufmachte
Na, wie erging es da wohl meiner Mutter einzigem
Sohn?
Mensch, da verging ihm aber Hören und Sehn!!
Mann, das war wirklich schon gar nicht mehr schön!
Da kriegte er Steine statt Brot zum Lohn!
– *so* ging's da meiner Mutter Sohn
als er den Mund aufmachte
Und wie er auch lauthals die Wahrheit schrie
Er schwieg auch ganz gerne und schluckte die heißen
Kartoffelpuffer von Eva-Marie

4
Und als ich mich bei ihm um Rat befragte,
Na, was riet mir da wohl meiner Mutter einziger
Sohn?
Reiß auf deine Augen! Reiß auf deine Ohrn!
Sonst bist du verschaukelt und gleich verlorn
Reiß auf deinen Rachen mit lautem Ton!
– *das* riet mir meiner Mutter Sohn
als ich um Rat ihn fragte

Im übrigen aber riet er mir nie
Er küsste viel lieber die ebenfalls bleichen
Und birnweichen Schultern von Eva-Marie

ELASTISCHER HINWEIS AUF DIE MORAL

Die Regel: NICHT SEHEN – NICHT HÖREN –
      NICHT SCHREIN
Die stammt von den heiligen Affen, den drei'n
Die drei sind gekauft von der Reaktion!!
– *das* sagt euch meiner Mutter Sohn
Die dreimal verfluchte regel de tri
Gilt höchstens und manchmal, wenn Leute zu nah
                              sind
– und wir uns umarmen –, *für*: Eva-Marie

Ballade vom Traum

1

Der Möbelwagen schwimmt die
     leere Friedrichstraße lang
Und landet vor dem Haus, ja ja, ich weiß:
     der will zu mir
Schrein kann ich nicht, die Schritte kommen, und
     ich kenn den Gang
Da klotzen schon die vier
     knallharten Packer in die Tür
Und schaffen mich im Bett die Treppen
     runter: immer vier
Mann – vier Ecken! und verfrachten
     mich im Laderaum
Dann das Klavier, den Kleiderschrank,
     die Bücher, Gummibaum
Die Schreibmaschine, alle acht Gitarren gut verstaut
Dann heult der Diesel auf, die
     Wagentür wird zugehaun
 – das ist mein Traum, vor dem mir jeden Abend graut

2

Der volle Möbelwagen-Walfisch
     schwimmt mit mir im Bauch
Das Stück Hannoversche, die Charité
     wird rechts passiert

Links Invalidenstraße durch den Schlagbaum ...
                              Slalomschlauch
Wir schwimmen durch die Grenze, und
        der Staatsrat salutiert
Spalier steht das Politbüro, die Knarre präsentiert
Schon sind wir durch und drüben, Mensch, wie
        leicht geht das!
Da winkt auch schon ein Strand: der
        Kuhdamm schillert regennass
Der Fisch spuckt mich mitsamt den
        Möbeln auf den Asphalt, halbverdaut
Macht eine Wende, schwimmt zurück – ich
        such wie wild mein' Pass
    – das ist mein Traum, vor dem mir jeden Abend graut

3
Der Westberliner Himmel schluchzt und
        heult sich auf mir aus
Ich krabbel aus dem Müll und renn
        mit festgewachsnen Schuhn
Zurück, woher ich kam, und will
        will will und will nach Haus
Die Mauer flatter ich entlang wie ein besoffnes Huhn
Und reiß ein Loch und beiß mich durch den
                              Stacheldraht, und nun
Zerreißen Schüsse meinen Bauch; der
        deutsche Schäferhund

Verschlingt König Renauds Gedärme, die
        sind seltsam bunt
Und dampfen; roter Saft fällt komisch aus
        der tauben Haut
Und Regen regnet in den starren himmeloffnen Mund
    – das ist mein Traum, vor dem mir jeden Abend graut

4

HOHE HULDIGUNG FÜR EVA

Dann wach ich auf, von Schweiß und
        Tränen klitschenass
Mein Weib weint trocken mit und streichelt mich
Sie weiß es ja – und doch, sie fragt dann: Was
Was hast du, Lieber, lass
        den schwarzen Traum, dreh dich
Mal um zu mir! Na, siehst du, du bist schon o. k. – oje!
Du hast die Nacht zu gut gegessen und
        zu schwer verdaut
    – und darum träumst du auch
        den Traum, vor dem mir graut

Der Hugenottenfriedhof

Wir gehn manchmal zwanzig Minuten
Die Mittagszeit nicht zu verliern
Zum Friedhof der Hugenotten
Gleich hier ums Eck spaziern
Da duftet und zwitschert es mitten
Im Häusermeer blüht es. Und nach
Paar wohlvertrauten Schritten
Hörst du keinen Straßenkrach

Wir hakeln uns Hand in Hand ein
Und schlendern zu Brecht seinem Grab
Aus grauem Granit da, sein Grabstein
Passt grade für Brecht nicht schlecht
Und neben ihm liegt Helene
Die große Weigel ruht aus
Von all dem Theaterspielen
Und Kochen und Waschen zu Haus

Dann freun wir uns und gehen weiter
Und denken noch beim Küssegeben:
Wie nah sind uns manche Tote, doch
Wie tot sind uns manche, die leben

Wir treffen das uralte Weiblein
Das harkt da und pflanzt da und macht
Und sieht sie uns beide kommen
Dann winkt sie uns ran und lacht
Die Alte erzählt uns von achtzehn
Novemberrevolution:
»Hier schossen sich die Spartakisten
Mit Kaiserlichen, die flohn!
Karl Liebknecht und Luxemburg Rosa
– so muss es den Menschen ja gehn! –
Lebendig und totgeschlagen
Hab ich sie noch beide gesehn!
Als ich noch ein junges Ding war
– ich bin ja schon viel zu alt! –
Von hier bis zur Friedrichstraße
War alles noch dichter Wald«

        Dann freun wir uns und gehen weiter
        Und denken noch beim Küssegeben:
        Wie nah sind uns manche Tote, doch
        Wie tot sind uns manche, die leben

Da liegt allerhand große Leute
Und liegen auch viel kleine Leut
Da stehn riesengroße Platanen
Dass es die Augen freut
Wir gehn auch mal rüber zu Hegel
Und besuchen dann dicht dabei
Hanns Eisler, Wolf Langhoff. John Heartfield
Wohnt gleich in der Nachbarreih'

Von Becher kannst du da lesen
Ein ganzes Gedicht schön in Stein
Der hübsche Stein da aus Sandstein
Ich glaub, der wird haltbar sein
Die Sonne steht steil in den Büschen
Die Spatzen jagen sich wild
Wir halten uns fest und tanzen
Durch dieses grüne Bild

Dann freun wir uns und gehen weiter
Und denken noch beim Küssegeben:
Wie nah sind uns manche Tote, doch
Wie tot sind uns manche, die leben

Die Elbe bei Dresden

In Dresden, da steht ja die Elbe so still
Und die Stadt fließt so träge vorbei
Ich steh da und seh da die Raddampfer ziehn
Wie voriges Jahr, den Mai
Wie vorigen Mai, da wohnten wir
Diese Sommernacht unten am Fluss
In den Elbwiesen blieb uns die Puste weg
Beim Kuss zwischen Kuss und Kuss

      Das sang uns der Fluss, das war unser Lied:
      Es fließt alles – alles fließt
      Mein Lieb, mein Lieb, jetzt bin ich allein
      Jetzt redet der dumme Fluss mir ein:
      Es bleibt alles, wie es ist

In jenem Mai, da schwammen wir schön
Mit der Strömung zur anderen Seit'
Dann laufen ein Stück – und schwimmen zurück
Uns war ja der Fluss nicht zu breit
Das Wasser war nicht viel zu tief für uns
Ach, und uns war der Dreck scheißegal
Wir ließen uns treiben und trieben das Spiel
Noch einmal und noch ein Mal

Das sang uns der Fluss, das war unser Lied:
Es fließt alles – alles fließt
Mein Lieb, mein Lieb, jetzt bin ich allein
Jetzt redet der dumme Fluss mir ein:
Es bleibt alles, wie es ist

Jetzt lieg ich am Ufer und wundere mich
Warum das mit mir grad so ist
Ach, damals verriet uns der gute Fluss
Die Wahrheit, dass alles fließt
Da drehte die Erde sich unter uns
Als wir noch verharrten im Kuss
Und weißt du, warum ich dich suchen will?
Weil ich mich ja finden muss

Das sang uns der Fluss, das war unser Lied:
Es fließt alles – alles fließt
Mein Lieb, mein Lieb, jetzt bin ich allein
jetzt redet der dumme Fluss mir ein:
Es bleibt alles, wie es ist

Das Frühstück

1

Ich bring noch das Salz!
  ein Frühstück mit Sonne
  aus Wehmut und Wonne
  ein Kuss für dein' Hals
liih, Honig mit Quark!
Vom Schwarzbrot die Krume
Mit Butter und Blume
Da kommt Tine Barg

  So ist meine Tine
    am Morgen noch Traube
     am Mittag Rosine
      am Abend schon Wein
So ist es gut
  und so ist gut
    und so noch viel besser
    und soll auch so sein

2

Stell hin, das Tablett!
  schön klingeln die Tassen
  – nicht fallen lassen!
  komm, knall dich aufs Bett!
Wo kommt denn das vor

So früh frische Schrippen
Komm, lass mich mal stippen
Mein' Bart in dein Ohr!

    So ist meine Tine
       am Morgen noch Traube
          am Mittag Rosine
            am Abend schon Wein
So ist es gut
    und so ist gut
       und so noch viel besser
          und soll auch so sein

3

Was steht im eNDee?
    du, gib mir mal rüber!
    – jetzt kocht die Milch über
    schnell, puste! schnell, dreh
Den Hahn zu! ein Scheiß
Mach bloß keine Dinger!
Pass auf, deine Finger!
Der Henkel ist heiß

So ist meine Tine
  am Morgen noch Traube
   am Mittag Rosine
    am Abend schon Wein
So ist es gut
 und so ist gut
  und so noch viel besser
   und soll auch so sein

4
Die Eier im Glas
 probier mal die Eier!
 ich hab sie zur Feier
 des Tages aus Spaß
Gekocht mit Muskat
Rosinen, Dillspitzen
Salamiwurstschnitzeln
Die hatte ich grad

So ist meine Tine
  am Morgen noch Traube
   am Mittag Rosine
    am Abend schon Wein
So ist es gut
 und so ist gut
  und so noch viel besser
   und soll auch so sein

5

Den Kaffee lass stehn!
  du bist ja noch müde
  trink aus, meine Liebe
  mach los! du musst gehn
Das ist ein Gejag
Vergiss nicht die Schlüssel!
Ach, komm, noch paar Küsse
Auf Vorrat fürn Tag!

  So ist meine Tine
    am Morgen noch Traube
      am Mittag Rosine
        am Abend schon Wein
So ist es gut
  und so ist gut
    und so noch viel besser
      und soll auch so sein

6

Jetzt kommst du zu spät
  steck ein das Stück Kuchen!
  die werden schön fluchen
  oh, meine Uhr geht:
Ein Glück! stell dir vor
– gib her, deine Schnute! –

Die liebe, die gute
Die Uhr geht ja vor

So ist meine Tine
   am Morgen noch Traube
      am Mittag Rosine
         am Abend schon Wein
So ist es gut
   und so ist gut
      und so noch viel besser
         und soll auch so sein

7
Ich bring noch das Salz!
   ein Frühstück mit Sonne
   aus Wehmut und Wonne
   ein Kuss für dein' Hals
liih, Honig mit Quark!
Vom Schwarzbrot die Krume
Mit Butter und Blume
Da geht Tine Barg

So ist meine Tine
   am Morgen noch Traube
      am Mittag Rosine
         am Abend schon Wein

So ist es gut
    und so ist gut
        und so noch viel besser
        und soll auch so sein

Einschlaf- und Aufwachelied

Schlaf ein, mein Lieb, sonst ist die Nacht
Vorbei und hat uns nichts gebracht
Als wirre irre Fragen
Gib mir dein' Arm und noch ein' Kuss
Ich muss ja durch den Schlafefluss
Und will dich rübertragen

Wach auf, mein Lieb, du schläfst ja noch!
Komm aus den dunklen Träumen hoch
Und freu dich an uns beiden!
Die Sonne hat längst dein Gesicht
Gestreichelt, und du merkst das nicht
– das mag ich an dir leiden

Der schwarze Pleitegeier *oder:*
Eure Farben sind nicht meine Farben

Der schwarze Pleitegeier mit den roten Krallen
Steht starr im großen Gelb und wird bewacht
Von grünen Männern, die in Aluminiumkisten
Vor meiner Haustür sitzen, Tag und Nacht

Komm, zieh dein rotes Kleid an! Wir haun ab ins Grüne
Ich hab die Stadt satt, all dies tote Grün –
Komm mit mir untern Himmel, wo die grauen Gänse
Schwarz durch das gute Gelb der Sonne ziehn

Steine-Lied

1

Steine Steine Steine, mein Lieb, und Steine
All meine Wahrheiten sind mir ja
Steine geworden:
Steine im Weg und
  Stein in der Kehle und
    Stein auf der Seele und
      Stein in der Brust, in den
Leeren, den wehrenden Händen:
Steine Steine Steine, mein Lieb, und Steine

2

Wie, ach wie soll ich die Zeit dir der Kirschen
Wie soll ich singen, wenn mir das Gesindel
Mit all dem Schwindel mein armes Maul stopft
Mit meiner Wahrheit
  Blindheit und Klarheit
    mein Stein und dein Stein
      in jeder Faust ein', so
Spiele ich dir die Gitarre:
Steine Steine Steine, mein Lieb, und Steine

3

Meine Genossen, die Götter, die Schweine
werfen auf mich ihren Spott. Ihre Steine
Hab ich gefressen und gut verdaut, habe
Tränen geschluckt
  und Blut gespuckt
    nichts wird vergessen
      von all dem Morden
Genossen, das seid ihr mir worden:
Steine Steine Steine, mein Lieb, und Steine

4

Au! meine Birne! die Stirn! meine Steine
Warf ich und traf mich und straf mich alleine
Dass ich kein' Weg find, über die Augen
Rinnt mir der Saft
  rot, dieser Hass
    wie blind macht das!
      Liebe macht Spaß, Mädchen
Lass das! wisch ab das! und weine:
Steine Steine Steine, mein Lieb, und Steine

5

Und meine Worte, die alle nicht trafen
Und all die Stummen und Dummen und Braven
Zu wessen Glück, sag! schlafen die Steine dort
Wo wir uns finden, mein
  Lieb, Untern Linden
    wo wir uns fassen
      und uns nicht lassen
      und uns verpassen
        mang all die Massen
         bin ich alleine
          zu wessen Glück, sagt mir!
         schlafen die Steine dort
        wo graue Furcht ist
        und laues Hassen
         – die Pflastersteine, sie
Träumen noch tief in den Straßen:
Steine Steine Steine, mein Lieb, und Steine

Die Bibel-Ballade

1

Die roten Fahnen hingen alle grau und krank
Im Regenhimmel rum. Aus mancher Fensterbank
Erbrach das Fahnentuch vor Scham sein letztes Rot
Da kamst du hergetanzt mit unterm Arm die Schuh'
Verschlungen hast du mich, Stück weggeworfen' Brot
In diesem Land, wo alle satt sind. Aber du
Du warst mein neues Deutschland und mein alter Traum
Von Küssen unterm großen Kirschenbaum

2

»Ach, es geht mir wie einem, der im Weinberge
Nachliest, da man keine Trauben findet zu essen
Und wollte doch gern die besten Früchte haben
Die frommen Leute sind weg in diesem Lande
Und die Gerechten sind nicht mehr unter den Leuten
Sie lauern alle auf Blut, ein jeglicher
Jagt den andern, dass er ihn verderbe
Und meinen, sie tun wohl daran
         – wenn sie Böses tun
Was der Fürst will, das spricht der Richter
         – dass er ihm wieder einen Dienst tun soll
Die Gewaltigen raten nach ihrem Mutwillen
         Schaden zu tun
         – und drehen's, wie sie wollen

Niemand glaube seinem Nächsten!
Niemand verlasse sich auf Fürsten
Bewahre die Tür deines Mundes
        – vor der, die in deinen Armen schläft!«

        das weiß ich doch selber: der
                        Knüppel, du Krüppel
        der arme Knüppel, er kann nichts dafür. Und
        trotzdem! es ist ja der dreimal verfluchte
        der Knüppel, den ich auf dem Rücken spür. Ach
        warum, warum musste sich
        mein liebes Liebchen gegen mich
        so prompt zum Knüppel machen
        – zum Knüppel machen lassen?! aus Liebe
        kommt, ach das tut weh, aus Liebe
        kommt so prompt das blinde Hassen

3
Und es begab sich im fünfundzwanzigsten Jahr
Der Deutschen Demokratischen Republik, da
Ließen die Herrschenden sich vom Volk
Ein gewaltiges Haus baun, mitten in Berlin
Auf dem Marx-Engels-Platz
Und sie gaben dem Bau diesen Namen: Palast
Der Republik. Da sagten die Bauarbeiter:
Das ist uns ein herrlicher Sozialismus mit einem
Palast in der Mitte. Da tauften die Kumpels

Das Werk ihrer Hände »Palatzo di Protzo«
Und lachten untereinander und bauten weiter. Und
Als der Beton gegossen wurde
Und die Stahlkonstruktion wuchs
In den geteilten Himmel dieser Stadt
Da schlief ich lange Nächte bei meiner Liebsten
Und ihr Vater war beim Palastbau Direktor
Für Projektierung und Mitglied
Der Bezirksleitung des Großen Vereins
Da kauften seine Genossen von der Staatssicherheit
Sich den Vater und sagten ihm: Du, deine Tochter
Entweder sie geht weg von diesem Menschen
Oder du kannst beim Palast deinen Posten
Nicht länger behalten

      das weiß ich doch selber: die Kugel, du Kluge
      die arme Kugel, sie kann nichts dafür. Und
      trotzdem! es ist ja die dreimal verfluchte
      die Kugel, die ich jetzt im Bauche spür. Ach
      warum, warum musste sich
      mein liebes Liebchen gegen mich
      so prompt zur Kugel machen
      – zur Kugel machen lassen?! aus Liebe
      kommt, ach das tut weh, aus Liebe
      kommt so prompt das blinde Hassen

4

»Ich wandte mich und sah an alles Unrecht
Das geschah unter der Sonne. Und siehe
Da waren Tränen derer, so Unrecht litten
Und hatten keinen Tröster
Und die ihnen Unrecht taten – waren zu mächtig
So dass sie keinen Tröster haben konnten!
Ich sah an Arbeit und Geschicklichkeit
In allen Sachen. Da neidet einer den andern, das
Ist auch eitel und Haschen nach Wind. Ein Narr
Schlägt die Finger ineinander und verzehrt sich selbst
So ist's ja besser Zwei als Eins, denn
Sie genießen doch ihrer Arbeit wohl
Fällt ihrer einer, so hilft sein Gesell ihm auf
Weh dem, der allein ist, wenn er fällt
So ist kein anderer da, der ihm aufhelfe! Auch
Wenn zwei beieinanderliegen, wärmen sie sich. Wie
Kann ein Einzelner warm werden? Einer
Kann überwältigt werden. Aber zwei
Mögen widerstehn«

        das weiß ich doch selber: das Messer, du Fresser
        das arme Messer, es kann nichts dafür. Und
        trotzdem! es ist ja das dreimal verfluchte
        das Messer, das ich an der Kehle spür. Ach
        warum, warum musste sich
        mein liebes Liebchen gegen mich

so prompt zum Messer machen
– zum Messer machen lassen?! aus Liebe
kommt, ach das tut weh, aus Liebe
kommt so prompt das blinde Hassen

5

Kennst du mich noch? Ich kenn mich selbst nicht mehr
Seit du mir schweigst, bin ich von allem Leben leer
Und seh nicht, kann nicht, mag nicht, will nicht und
                              seh doch:
Reif ist das Jahr. Die Kirschen platzen auf vor Lust
Und ich lieg eingemauert hier im Loch
Und halt mein Herz fest in der aufgebrochnen Brust
Dass es nicht auf die Straße springt und
                              schreit, wenn du
Im Blauhemd hier vorbeimarschierst! mit Sand
                              im Schuh

Kuckuck Kuckuck

1

Und als ich mit dir lag
Da weckte uns ein Tag
Mit kuckuck kuckuck kuu
   kuckuck kuckuu
Das weiß ich alles noch
Wie gut der Morgen roch
Und wir, mein Lieb, dazu
   dazu dazu

2

Und als ich bei dir schlief
Und als der Kuckuck rief
Da hast du mitgezählt
   gezählt gezählt
Wie viele Jahr habn wir?
Noch zwei – noch drei – noch vier
Mensch, hat mich das gequält!
   gequält gequält

3

Mach weiter! Vogel, mach!
Noch sechs – noch siebn – noch acht
Mach zu! mach zu! mach zu!
   kuckuck kuckuu

Mir schlug dabei das Herz
Den Hals hoch. Noch ein Schrei:
Kuckuck kuckuck kuckuu
  nur zu! nur zu!

4
Der Aberglaube blüht
Gefährlich ins Gemüt
Mein Liebchen, lass den Stuss!
  den Stuss den Stuss
Wir dürfen ja, wir wolln
Wir können, und wir solln
Der dumme Kuckuck muss
  er muss er muss

5
Kuckuck kuckuck kuckuck
Kuckuck kuckuck kuckuck
Kuckuck kuckuck kuckuu
  kuckuck kuckuu
Der Kuckuck hat gelogn
Und du hast mich betrogn
Und dich, mein Lieb, dazu
  dazu dazu

Und wir hatten keine Höhle

Und wir hatten keine Höhle
Und wir fanden kein Versteck
Und wir schliefen im Gegröle
Und wir saßen nackt im Dreck

    irgendein Loch
    brauchen wir doch
    da oder hier
    du Menschentier
    mein Menschentier

Diese Stadt hat uns erbrochen
In die Nächte laut und hell
Doch wir haben uns verkrochen
Einer in des andern Fell

    irgendein Loch
    brauchen wir doch
    da oder hier
    du Menschentier
    mein Menschentier

Mann, die Stadt is tote Hose
Und die Häuser stehn dumm rum
Und was fest war, das is lose
Und was grade war, is krumm

irgendein Loch
brauchen wir doch
da oder hier
du Menschentier
mein Menschentier

Und als wir ans Ufer kamen

Und als wir ans Ufer kamen
Und saßen noch lang im Kahn
Da war es, dass wir den Himmel
Am schönsten im Wasser sahn
Und durch den Birnbaum flogen
Paar Fischlein. Das Flugzeug schwamm
Quer durch den See und zerschellte
Sachte am Weidenstamm
　　　　　　– am Weidenstamm

Was wird bloß aus unsern Träumen
In diesem zerrissnen Land
Die Wunden wollen nicht zugehn
Unter dem Dreckverband
Und was wird mit unsern Freunden
Und was noch aus dir, aus mir –
Ich möchte am liebsten weg sein
Und bleibe am liebsten hier
　　　　　　– am liebsten hier

Idylle im Exil

Wir spielten den Abend mit Würfeln
Das Mädchen war aufgeregt
Ihr Vater zählte die Augen
Und hat uns schön reingelegt

Die Kleine hat mich getröstet
Mit dem Sprichwort von Pech und Spiel
Und hat so hübsch gekichert
Wenn ein Würfel vom Tischrand fiel

Ich schüttelte wie die andern
Im Becher mein Würfelpaar
Und freute mich wie ein Dummkopf
Als ich am Gewinnen war

Ich brauch ja das Glück im Spiel jetzt
Sonst blüht mir zum bösen Schluss
Ein Glück hier zu einer Liebe
An der ich zugrund gehen muss

Der alte Pierre geruht

für Gisou Bavoillot

Das war mal. Und so war das nun mal:
»Ja, ich dich auch …« – so sagte ich da
Ein anderes Mal, auch lange vorher
Sagte ich dir: »Aber ja doch, ja …«

Heut aber, jetzt und hier
Heute gefällt es mir
  dir zu sagen
    »Ich liebe dich – nein! –
      ich hab dich lieb«
Heut machts mir Spaß, mein Lieb
Heut kommt das große Wort
  Mir von den Lippen
    – heut kann ich das

Hochwasser in Paris

Der Winterschlaf ist jetzt vorbei, wir leben wieder
Nun zeigt die Île de la Cité die schöne kalte Schulter
Den Kälten. Licht bricht endlich in die Stadt ein
Der allerschönste Frühling macht sich mächtig breit
Und breiter noch macht sich in ihrem Bett die Seine
Der Himmel hat sich gründlich ausgeweint. Nun lacht
Die Sonne laut in die verrammelten Gesichter
Die aufgesprungen sind mit den Kastanienknospen
Die Uferstraßen alle stehen unter Wasser
Wo wir uns stritten letztes Jahr, als ich mein Maul
Dann endlich hielt – will sagen: endlich auf dein Maul
Als ich mit meinem Stachelkinn dir Rouge auflegte
Mein Liebchen, nun sah ich von oben unsre Bank
Grün schimmern durch die ockerfarbne Brühe, grad
Dort, wo wir saßen, springt ein Fisch an der Laterne
Hochwasser leckt den Seine-Brücken frech den Bauch
Kein Lastkahn passt mehr durch, kein Glassarg mit
    Touristen
Die Insel dampft mit acht Knoten Geschwindigkeit
Gen Osten. Notre-Dame ist die Kommandobrücke
Stromaufwärts immer geht die Fahrt, die Fluten brechen
Am spitzen Bug sich, wo das Monument gebaut ist
Für die zweihunderttausend Märtyrer aus Frankreich

Martyrs français de la déportation. Die Toten
Stehn bis zum Hals im Wasser, und sie lächeln starr
Ein unbeirrtes blödes Lächeln voller Hoffnung
Ins Nichts. So lächeln sie auf uns, die wieder leben

Mein Herz weiß alles besser

1

Ich kann mir selbst nicht helfen
Und will die Menschheit retten
– dabei lieg ich in Ketten
Mit meinem Herzen fest –
Der Himmel hängt voll Bomben
'ne Hölle brennt auf Erden
Was soll aus uns noch werden
Wir geben uns den Rest
   Und doch, mein Freund, ich bleibe stur
     voll rabenschwarzer Zuversicht
Mein Herz weiß alles besser
     und glaubt das Ende nicht
Mein Herz weiß alles besser
     und glaubt die Wahrheit nicht

2

Wuchern die Waffenwälder
Blähn sich die Hungerbäuche
Wie eine Superseuche
Wüten in Ost und West
Diese verdorbnen Greise!
Winzige Weltverwalter
Starten am großen Schalter
Das letzte Totenfest

Trotz alledem, ich bleibe stur
   voll rabenschwarzer Zuversicht
Mein Herz weiß alles besser
   und glaubt das Ende nicht
Mein Herz weiß alles besser
   und glaubt die Wahrheit nicht

3
Stell dir mal vor, wir könnten
Könnten die Kriegsklamotten
Endlich! und ganz verschrotten
Weg damit, aufn Schutt
– aber das ist die Wahrheit:
Weißt du, was dann noch bliebe?
Hier! dieser falsche Friede
Der macht uns auch kaputt
   Und doch, mein Freund, ich bleibe stur
      voll rabenschwarzer Zuversicht
Mein Herz weiß alles besser
   und glaubt das Ende nicht
Mein Herz weiß alles besser
   und glaubt die Wahrheit nicht

4
Tine, mein liebes Liebchen
Du, meine offne Wunde
Jetzt liebst du mich zugrunde

Mit einem andern Mann
– hoppla! das ist das Leben:
Dass wir krepieren müssen
An den verküssten Küssen
– und jetzt bin ich mal dran
   Und doch, du Stück! Ich bleibe stur
     voll rabenschwarzer Zuversicht
Mein Herz weiß alles besser
     und glaubt das Ende nicht
Mein Herz weiß alles besser
     und glaubt die Wahrheit nicht

5

Ich will die Welt was ändern
Und bin nun ganz ein Dummer
– ach, zu viel Liebeskummer
Ist eine Seelenpest!
Tine, du kalte Sonne
Lass nicht mein Herz erkalten
Ich kann die Welt nicht halten
Wenn du mich fallenlässt
   Und doch, mein Lieb, ich bleibe stur
     voll rabenschwarzer Zuversicht
   Mein Herz weiß alles besser
     und glaubt das Ende nicht
   Mein Herz weiß alles besser
     und glaubt die Wahrheit –

Durst

Ich hatte so Durst im siebenten Jahr
Da ging unser Glück in die Brüche
Du sagtest: Um Liebe bittet man nicht
Und: Zerbrochne Tassen kittet man nicht
– hör auf, das sind alles so Sprüche

Und hat sich dein Sinn von mir abgewandt
– auch Wenden können sich wenden
Mein Herz, dein kalter Kaffee stinkt
Wer wirklich Durst hat, du, der trinkt
Auch Wasser aus hohlen Händen

Die Ehescheidenden

Hell war die Nacht, und wie von Lächeln ein Schimmer
lag über beiden. Groß überm Ehegewurstel schlimmer
Jahre hoben sie ab. Von ihren Füßen das Blei
warfen sie von sich und lachten und weinten dabei
Nun, da sie's endlich rafften, dass Sense ist
                              und für immer
und beide wussten, dies wird unsre letzte Fliegerei
nun ging es ab! – ach und dies eine Mal höher denn je
und ihr banaler Roman zerfiel in Worte, zerfallen
sind auch die Worte, da hielten sie in den Krallen
Buchstaben, für nochmal von vorn:
                              ein jungfräulich ABC

himmel hölle erde

1

mein himmel, deine pfirsichhaut
die hölle bist ja du
die erde hast du mir versaut
mein unglück ist auf dich gebaut
ich bin so blind in dich verknallt
und das macht jung
   und das macht mich alt

2

der mond macht kalten sonnenschein
die bauchuhr bleibt nie stehn
wie kommt das licht so in die fraun
ich kann dir nie in' schädel schaun
'ne träne lacht im augenspalt
und das macht jung
   und das macht mich alt

3

eins in die fresse von 'nem freund
'n kuss vom alten feind
ein schnitt ins eigne liebe fleisch
ob schmerzensschrei, ob lustgekreisch

du bleibst so hundeschnauzenkalt
und das macht jung
   und das macht mich alt

4
mein allerliebstes schmeicheltier
ich lern die menschen nie
nie lern ich dieses leben aus
wir sind knapp ausm urwald raus
und irrn nun rum auf dem asphalt
und das macht jung
   und das macht mich alt

5
ich hab dich lieb, dein liebes haar
wenn's auf die schulter fällt
sind alle lebenslügen wahr
die finsternisse sonnenklar
FREUND HEIN kommt sowieso – und bald!
und das macht jung
   und das macht mich alt

Ehestrich

Und als sie ihm endlich wiederkam
Da war sein Elend komplett
Wie Messer und Gabel lagen sie da
Und klirrten im Ehebett

Sie spielten vernünftig und spielten verrückt
Er schlug ihr die Lampen blau
Sie keifte: Du Mensch! ... du Ehemann!
Er fauchte: Du Ehefrau!

Sie schwiegen sich aus, sie sprachen sich aus
Sie weinten und schimpften wüst
– sonst nix! sie haben sich nicht umarmt
Sie haben sich nicht mal geküsst

Nein, umgekehrt! Freund Amor hat
Sich ihrer gar nicht erbarmt:
Was heißt hier: sie haben sich nicht geküsst
– sie haben sich nicht mal umarmt

Das mit den Männern und den Fraun

1
Das mit den Männern und den Fraun ...
Ich kann nie nicht kein Weib anschaun
Ganz ohne den Gedanken: Ob
Ich mit der könnte, die mit mir
– dass wir uns richtig missverstehn:
Kein Wunsch! nur Sinnen ohne Sinn
Die Augen gehn was aufn Strich
Das ist 'ne Art Radar verquer
Die Fledermaus spielt Fleischbegehr:
Mal sehn, ob so was Liebe wär
– und dabei ist schon offenbar
ein Exemplar zu viel für mich

Ich kriegs nicht raus
  in diesem Leben nicht
    das: Wie-man-leben-soll
Denn ein Weib ist zu viel
  für mich – und zwei
    sind viel zu wenig

2

Das mit den Männern und den Fraun ...
Ich kann nie nicht kein Weib anschaun
Von hinten auf der Straße: Geil
Schwenkt manche scharf ihr Hinterteil
– dann bin ich scharf auf ihr Gesicht!
Doch meistens passt das eine nicht
Zum andern, so nicht – oder so
Und manche Lippen sind »Hoho!«
Doch wenn das dann den Mund aufmacht
Und isst was, redet oder lacht
Dann kriechen Kröten aus dem Hals
Und ach! der Zucker schmeckt nach Salz

   Ich kriegs nicht raus
      in diesem Leben nicht
         das: Wie-man-leben-soll
   Denn ein Weib ist zu viel
      für mich – und zwei
         sind viel zu wenig

3

Bis grade gestern war ich jung
Frech bin ich durch die Welt gefetzt
– jetzt gehts bergrunter. Doch das stimmt:
Fründ Amor piert em bet opt letzt!!*
Ich will mit alln! und will mit dir

78

Allein sein, Liebste! immerdar
Was Neues brauch ich – und ich brauch
Das Alte, wie es immer war
Ich muss allein sein – und ich halt
Mit mir allein die Welt nie aus
Am liebsten schmeiß ich rum mit mir
– am liebsten hock ich warm zu Haus

   Ich kriegs nicht hin
     in diesem Leben nicht
       das: Wie-man-leben-soll
   Denn ein Weib ist zu viel
     für mich – und zwei
       sind viel zu wenig

4

Es gibt zu viele Fraun, die ich
Gern leiden mag – allein, ich mag
Nicht gerne leiden! ach, da kommt
Nach mancher Nacht auch mancher Tag:
Die Sonne frisst das Kerzenlicht
Der Vielfraß kriegt den Hals nie voll:
Ich! lebensgeil und lebensmüd
Seh ich den Wald vor Bäumen nicht
– und manchmal nicht den Baum vor Wald

Vor Kraft kann ich nicht stehn: Ich kann
Auch Weib sein, stark und mütterlich
– und bin am Ende doch bloß: Mann

Ich kriegs nicht raus
in diesem Leben nicht
das: Wie-man-leben-soll
Denn ein Weib ist zu viel
für mich – und zwei
sind viel zu wenig

5

Das mit den Männern und den Fraun ...
Das kann ja nicht und nie hinhaun
Ich hab schon manchmal schlau gedacht:
Was soll ich mir die kurze Zeit
Auf dieser Erde selbst versaun
– das machen andre schon genug –
Schluss also mit dem Herzbetrug:
Jetzt werd ich schwul und rette mich
Aus diesem Bestiarium!
Ach, aber du, ich ahne schon
Dann läuft dasselbe Karussell
Genauso schnell – bloß andersrum:

Ich kriegs nicht raus
  in diesem Leben nicht
    das: Wie-man-leben-soll
Denn ein Mann wär zu viel
  für mich – und zwei
    sind viel zu wenig

* Plattdeutsch: Freund Amor quält ihn bis aufs Letzte.

Regenbogen

1

als wir uns wieder mal, ach! für immer und ewig
        trennten
kitschte der schönste regenbogen über der stadt
Hamburg – als ob wir uns nicht und längst alle
        kniffe kennten
lächelten wir. wir schwiegen dasselbe wort und
        flennten
hatten einander lieb – und wieder mal gründlich satt

2

himmel war blank geregnet, wolken aus weiberwäsche
fetzten die winde das schmuddelweiß hoch durchs
        blau
tief hing die sonne im westen und durch 'ne tintige
        bresche
brachen die strahlen, und oben, in seiner goldnen
        kalesche
kutschte Gott Amor raufrunter den regenbogen wie'n
        pfau

3

lass ihn sich spreizen! und lass den gott sich amüsieren
auf unsre kosten, der »ewig-junge« ist abgemafft

– Meleken, meine göttin, so gehts mit uns
                          menschentieren
wenn wir uns auch mit moral die süchtigen herzen
                          beschmieren
– blut ist noch immer kaltheiß und geiler als
                          himbeersaft

4

dass wir uns fanden, war zufall und duftet nach
                          ringelrosen
jetzt, da wir scheiden, stinkt es so nach notwendigkeit
ach, auf dem affenfelsen trägt man kleider und hosen
unter der feinen schicht jedoch all der liebes-chosen
wuchert in uns der urwald mit alter behendigkeit

5

als wir uns wieder mal, ach! für immer und ewig
                          trennten
kitschte der schönste regenbogen über der stadt
Hamburg – als ob wir uns nicht und längst alle
                          kniffe kennten
lächelten wir. wir schwiegen dasselbe wort und
                          flennten
hatten einander lieb – und wieder mal gründlich satt

Überfahrt

gegen
und über die Nordsee
gegen den Wind und dennoch
ganz ohne Flügelschlag, ja
wie Drachensteigen ohne Band
so reiten auf der Welle
aus Luft, von Harwich, die Möwen
im Sog und mühelos
wie sie das Schiff begleiten
auch nun und immerzu muss ich ja
denken und immer an uns, wie
leicht wir flogen, wie leicht
meine Liebe, als alles noch
schwerer war, wie leicht

Nebbich!

Darf ich mir den Luxus leisten
Immer mit dem Liebeskummer?
Darf ich schlagen wie ein Dummer
Alles übern Liebesleisten?
Und ich spreiz mich auf der Bühne
Und die Welt geht in die Brüche
Und der Wolf säugt seine Kinder
Höllenhund mit Himmelstitten
Darf ich reiten auf dem Herzen
Mitten durch die Weltgeschichte?
Darf ich reimen im Gedichte
Weltschmerz frech auf meine Schmerzen?

Gott, was ich muss ... Mensch, was ich darf ...
   du, was darf man überhaupt ...
      Ob ihr es nicht glaubt, ob ihr es glaubt
         Menschentiere sind so toll
            glotz nicht so bedeutungsvoll!
               Und ich mach nebbich nie, wie ich soll

Wenn das Leben wieder gut ist
Und es steigt 'ne Liebesfeier
Und ich mach 'ne neue Platte
Und da brat ich meine Eier
Auf der schwarzen Rillenpfanne
Darf ich roten Wein verkaufen
Und zu Hause aus der Kanne
Heimlich klares Wasser saufen
Darf ich als vergnügten Säufer
Und als Weiberheld mich schmücken
Und wenn mich 'ne Ziege zottelt
Mit der Klampfe mich verdrücken?

Gott, was ich muss ... Mensch, was ich darf ...
   du, was darf man überhaupt ...
      Ob ihr es nicht glaubt, ob ihr es glaubt:
         wenn ich mich aufs Saufen warf
            war ich mehr auf Wasser scharf
               Und ich mach nebbich nie, wie ich darf

Liebeskümmerliche Küsse
Auf der morschen Barrikade
Die Genossen aber knurren
Kriegen Wut und kalte Füße
Und sie maulen und sie murren:
Was bist du fürn Communarde!
Biermann, früher warste besser
Du warst unser bester Barde
Hast uns Mut gemacht mit deinen
Kampfgesängen. Nicht zu fassen!
Wolf! du darfst uns grade jetzt nicht
– wo es losgeht!! – hängenlassen!!!

Gott, was ich muss … Mensch, was ich darf …
    du, was darf man überhaupt …
        Ob ihr es nicht glaubt, ob ihr es glaubt:
            Unsre Toten reden still
                – und wir schweigen mit Gebrüll
                    Und ich mach nebbich, so wie ich will

Bildnis einer jungen Frau
Sarabande für Meleken

Ich weiß wo ich herkomm
Und weiß auch wo ich bin,
Doch müsst ich jetzt sterben
Dann wüsst ich nicht, wohin
Ach Weggehn macht traurig,
Und Bleiben tut weh,
Es wachsen die Knospen
Schon unter dem Schnee

Es fängt ja der Frühling
Im Winter schon an,
Das will ich: Dein Weib sein,
Und du, du sei mein Mann!
Mir wächst unterm Herzen
Ein Menschlein von dir
– so hab ich dich sicher,
Auch wenn ich dich verlier

Im Schilf auf die Schnelle

Die gelbe Sonne ist groß dabei
  und malt ihre allerschönsten Grüns
    ins graue Deutschland hin
Wie hübsch, dass du grade am Ersten Mai
  Geburtstag hast, meine Schöne, und
    wie schade, dass ich grad diesen Tag
      nicht bei dir bin

Wir lagen Mal, Meleken, weißte noch
Versteckt im Schilf auf die Schnelle
Bei Schwarmstedt an dem kleinen Fluss
Ich weiß noch die Well'n und jeden Kuss
Und weiß noch genau die Stelle

Ich hab groß erzählt vom Ersten Mai
Vom allerersten Kampftag
Vor hundert Jahren floss Blut wie Bier
Die Menschenrechte warn Arschpapier
– heut ist es nur noch ein Mampftag

Viel reicher, viel ärmer ist heut die Welt
Barbarischer und gerechter
Doch Oben und Unten gibt es auch jetzt!
Da sagtest du: Stimmt, sieh bloß, wie's fetzt
Im Krieg und im Spiel der Geschlechter!

Und dann kamen plötzlich so Kerle an
Die stapften zu unserem Bette
In Gummistiefeln, hoch bis zum Bauch
Und riesige Ruten hatten die auch
Zum Sportangeln um die Wette

Da hast du gelächelt und sagtest: Komm
Du angelst so gut wie keiner
Die Kerle da kommen alle zu spät
Du hast hier schon alles gewonnen, was geht
Jetzt fahren wir weiter, mein Kleiner

Die gelbe Sonne ist groß dabei
    und malt ihre allerschönsten Grüns
        ins graue Deutschland hin
Wie hübsch, dass du grade am Ersten Mai
    Geburtstag hast, meine Schöne, und
        wie schade, dass ich grad diesen Tag
        nicht bei dir bin

Meleken an der Elbe bei Brokdorf

Wir standen am Ufer der Elbe
Und sahn, wie der Sonnenball fällt
Sie schwieg mir was über sich selber
Ich schwieg ihr was über die Welt

Und quer durch die sumpfigen Wiesen
Glitt lautlos ein bunter Koloss
Container, rotgraugrünblaugelbe
PACIFIC-LINE »ALBATROS«

Die Schafherde graste den Deich lang
Es glänzte im letzten Licht
Die goldene Kuppel von Brokdorf
Da küsste sie mein Gesicht

»Warum, meine Liebe, was soll das?«
Sie lachte: »Weil's mir so gefällt:
Ich schweig dir was über uns beide
Und du schweigst mal wieder die Welt.«

Spätsommer, östlich von Flensburg

Der morsche Lindenbaum rauscht im Altweiberwind
   das Abendrot aus Flensburg brennt im Fenster. Und
Weil drüben hinterm Feld im Knick die Geister sind
   drum reißen sie sich an den Dornen schmerzlos wund

Das Vieh käut wieder, selig hinter Stacheldraht
   ein Traktor schmeißt noch schnell 'ne Fuhre Gülle raus
Der Bauer kalkuliert im Schlaf die Wintersaat
   der grüne Rechtsanwalt flickt rum am Reetdachhaus

Die Krähen hassen kreischend auf den Habicht los
   die Böen peitschen vom Kartoffelkraut den Rauch
Für diese Erde ist der Himmel viel zu groß
   und viel zu klein für meine Toten ist er auch

Und in den Fernsehschüsseln sammelt sich das Blut
   aus jedem frischen Blutbad dampft ein buntes Bild
Das Tier in meiner Hose ist so dumm und gut
   und unbekümmert schau: es schämt sich nicht,
                 es schwillt

Im Westen flieht das Licht. Nun steigt die Finsternis
  von Osten kommt was Wüstes in der Wolkenwand
Da zuckt durch schwarzes Tintenblau ein greller Riss
  ich spüre deine sieggewohnte Streichelhand

Schon fliegen wir schön flach der Sonne hinterher
  ich spüre deinen Herzschlag morsen unterm Fell
Der Sturm fegt unbehauste Möwen übers Meer
  wir hausen in der Liebe. Und die Nacht bleibt hell

Er kam mit dem Wind

Er kam mit dem Wind
Was kümmerts den Wind
     ob er darf, ob er soll oder muss
Er griff ihr im Vorübergehn
Ins Herz und blieb nicht einmal stehn
     beim ersten Kuss

Sie fragte ihn nicht
Im Dämmerlicht
     sie gab sich den Düften hin
Und ließ sich von seinen Händen kirrn
Und fühlte die Narbe auf seiner Stirn
     sein Stachelkinn

Sie flogen davon
Es galt die Räson
     nicht mehr: was man darf, soll und muss
Sie machten einen rüden Ritt
Und flohen in Richtung Süden mit
     dem Pegasus

Ein Flügelschlag
Tief unten lag
     die kleine Menschenwelt
Ein spätes Kranichpärchen hat
Sich in den Lüften fliegematt
     hinzugesellt

Sie ging mit dem Wind
Was kümmerts den Wind
     ob er darf, ob er soll oder muss
Sie griff ihm im Vorübergehn
Ins Herz und blieb nicht einmal stehn
     beim letzten Kuss

Ich lag wohl

Ich lag wohl die ganze halbe Nacht
In Westberlin nur wach wach wach
        und träumte von uns beiden
Wir zwei – wie *ein* Mensch gebebt, gehofft
Das Allzu-nah-Sein trieb mich oft
        in wüste Einsamkeiten

Ich lag wohl die ganze halbe Nacht
In Westberlin nur wach wach wach
        mir muss es nichts bedeuten
Ob Lerche oder Nachtigall
Ob Hähne krähn im Hühnerstall
        ob Morgenglocken läuten

Ich lag wohl die ganze halbe Nacht
In Westberlin nur wach wach wach
        und dachte: Ja, so isses:
Frei in dem Käfig will ich sein
Kein Vögelchen mag nie nicht kein
        Verrecke – oder friss es!

Ich lag wohl die ganze halbe Nacht
In Westberlin nur wach wach wach
        da pfiff im Morgengrauen
'ne Spatzenschar auf dem Balkon
Ihr metropoles Spott-Chanson
        von Menschen, Tiern und Frauen

Ich lag wohl die ganze halbe Nacht
Ach, Meleken, nur wach wach wach
        und schlaf nicht gern alleine
Ob Prenzlauer Berg, ob Altona
Das Nest für mich bleibt da oder da
        wo du bist, liebste Meine

Luderliedchen

So ewig Gestrige kenne ich schon
Wie auch ewig morgige Leute
Gemütlich leben sie beide davon
Im blutigen Hier und Heute
Mir mangelt es an Gemütlichsein
Seit je in meinem Gemüte
Das Salz gehört in die Wunde rein
Und nicht in die Zuckertüte

    Ich Luder singe das Sängliche
    Verderbliche Gassenhauer
    Weil nur nur nur das Vergängliche
    Ist ja von Dauer

Und in deinen Herzkammern lichterloh
Da brennen mir alle Türen
Ich kau deine Seele gebraten und roh
Und will unsre Sterblichkeit spüren
Und meine Zunge redet ja auch
In deiner, in manchen Zungen
Dein Kuss ist mein liebster Sprachgebrauch
So haben wir Ängste zersungen

Wir beide singen das Sängliche
Verderbliche Gassenhauer
Weil nur nur nur das Vergängliche
Ist ja von Dauer

Es falln meine Lieder in' Kirschbaum ein
Wie zwitschernde Vogelschwärme
Ich les keine Zukunft in' Kaffeesatz rein
Noch in die zerrissnen Gedärme
Ich küss deine Wunde im Heute und Hier
Zerzaus deine duftenden Haare
Die Lebenssäfte sind mein Elixier
Bis ich in die Grube fahre

Dort sing ich dann auch das Sängliche
Verderbliche Gassenhauer
Weil nur nur nur das Vergängliche
Ist ja von Dauer

David und Goliath

David und Goliath, Abel und Kain
Zwei und zwei und zwei und zwei
Wer wird wen knechten, wer wird wen befrein?
Und auf dem Golan wächst guter Wein
Wer wird ihn trinken? Wer ist Rebell
Wer ist hier Mörder in diesem Duell
Isaak redet mit Ismaël

> Grad immer zwei und zwei und zwei
> hier geht es Schlag auf Schlag. Dabei
> war heut hier im alten Israel
> ein ganz gewöhnlicher Tag

Handgranatäpfelchen spitz unterm Shirt
Zwei und zwei und zwei und zwei
Schwirren die Mädel ach durch den Kibbuz
Blöde, wie da mein Blick noch verharrt
Anders die Butterbirnbrüste der Frau
Wenn sie mit Knarre im Wägelchen früh
Kinderlachen in die Krippe karrt

> Grad immer zwei und zwei und zwei
> hier geht es Schlag auf Schlag. Dabei
> war heut hier im jungen Israel
> ein ganz gewöhnlicher Tag

Ganz bin ich Jude und, nebbich, ganz Goj
Zwei und zwei und zwei und zwei
Ess unter Palmen glatt koscher, bleib treu
Tannenbaum, Sauerkraut, Eisbein und Bier
Wer ist schon scharf auf das Jüngste Gericht
Ich war nie der, der zu Kreuze kriecht
Mein Gott ist nichts als ein Menschentier

> Die letzten Dinge sind es nicht
> nach denen ich hier frag. Dabei
> war heut hier im kleinen Israel
> ein ganz gewöhnlicher Tag

Heut nacht weht Hamburger Weizenhaar
Zwei und zwei und zwei und zwei
Deutsch unter all dem Dunklen hier
Der Schönheiten von Jeruschalajim
Liebe ist stark wie der Tod. Und dein Kuss
Bitterer Schierling, ist Mohnsaft und Wein
Myrrhe und Mondmilch und Honigseim

> Darum ja zwei und grad wir zwei
> damit ich nicht verzag. Dabei
> kommt morgen in Erez Israel
> ein ganz gewöhnlicher Tag

La Douce France

Wenn ich, beseligt von schönen Küssen,
In deinen Armen mich wohl befinde,
Dann musst du mir nie von Deutschland reden, —
Ich kanns nicht vertragen — es hat seine Gründe.
Ich bitte dich, lass mich mit Deutschland in Frieden!
Du musst mich nicht plagen mit ewigen Fragen ...
(Heinrich Heine, 1834 in Paris)

Im Douce France treibt mich ja nicht
Das harte deutsche Vaterlands-Muss
Mein Weib blüht auf im helleren Licht
Und süßer schmeckt mir hier jeder Kuss
Im Languedoc der Troubadours
KusKus marocain, Lamm im Feigensud
Flamenco, Sardana, Gueuleton catalan
Hier geht mich nix an – hier geht es mir gut

> Du, plag mich nicht und frag mich nicht
> Was wird mit unserm deutschen Land
> Ich find auch im Dunkeln dein Gesicht
> Mit meinen fünf Augen an der Hand

Weiß Gott, dies France ist nicht nur
Vin rouge und Freiheit und Chanson
Fraternité, baguette, l'amour
Ein Scheißkerl ist auch hier ein Con
Mensch! Jedes Vaterland macht krank
Denkt manch Franzose in der Nacht
An Frankreich, schläft auch er so mies
Wie damals der Heine in Paris

  Du, plag mich nicht und frag mich nicht
  Was wird mit unserm deutschen Land
  Ich find auch im Dunkeln dein Gesicht
  Mit meinen fünf Augen an der Hand

Die Satellitenschüssel holt
Uns Heimat ran von A bis Z
Na dann gut Nacht: die ESPEDÉ
Geht mit IM NOTAR ins Bett
Mein schmolliget Liebchen zieh keen Jesicht
Warum ick dir liebe, det weeß ick doch nich
Doch wenn wer wie ick dieset Deutschland liebt
Ist klaro, warum: weil et dich da jibt

  Du, plag mich nicht und frag mich nicht
  Was wird mit unserm deutschen Land
  Ich find auch im Dunkeln dein Gesicht
  Mit meinen fünf Augen an der Hand

Mal abgesehn von Liebe

Mal abgesehn von Liebe (en français: à part)
Mein Weib, es ist doch – entre nous – 'ne andre Art
Von Faire l'amour als in den kurzen Ewigkeiten
Da ich noch wüst und jung war, etwa: bis grad eben
Wenn wir einander selig nehmen, was wir geben
Und stempelst du mir einen Knutschfleck an den Hals
Dann ist solch ein Besitzergreifen geiler als
Manch Eskapade in den Flitterzitterzeiten

Die Früchtchen (unsre!) tummeln sich am Badestrand
Und stehn geduldig Schlange, Taschengeld in Hand
Und kaufen Tüte Churros sich mit Puderzucker
Und du kommst rein ins Zimmer mit rein gar nix an
Und deine Augen lächeln frech: Na, willste, Mann?
Ich will! Jedoch kein Will kann immerzu. Allein
Nun lockst du mich so luderlieblich in dich rein
Da steht mein Mann sein' Mann. Bin kein
                                    Viagra-Schlucker

Ich weiß inzwischen wie wann wo, kenn deine Stell'n
Spür unsre Lust aufsteigen, die vertrauten Well'n
Doch was ich denke, während wir der Liebe pflegen
Ist anders, seit mein Leib sich wichtigmacht
                                    mit Schwäche
Es ist, als ob ich manchmal unsre Ehe breche

Schwul mit dem Tod, der mir versteckte
                                    Zeichen schickt
Grad wo sein Kandidat im Ehekasten liegt
Zeig dein Gesicht, schnell! Lass dich aufn
                                    Rücken legen!

Westöstliches Liebespaar

Wir schliefen im Tausendsternehotel
Die Nacht unter freiem Himmel
Ich streichelte sie gemach in den Schlaf
Genoss auch das Sternengewimmel
Und kniff meine Augen zusammen und sah
Das Siebengestirn schärfer schimmern
Sah schräg über uns, hoch im Orion
Den Beteigeuze flimmern

Und dachte: Das Weltall ist nirgendwo groß
Wie hier an der Côte Vermeille
Ein angefressener Mond schwamm los
Zum Weinberg am Cap de l'Abeille
Kein Windhauch, die Bucht lag ruhig da
Die Milchstraße floss in Mäandern
Im Großen Wagen, da! plötzlich ein Licht
Sah ich durch die Sternbilder wandern

Ein Sputnik! Wach auf!! für uns! für dich!
So schreckte ich aus dem Schlummer
Die Schöne und ärgerte mich über mich
Mann, was für 'ne dämliche Nummer!
Sie war nun putzmunter und schmollte halb:
Mein herzallerliebster Nudnik!

Du bist und du bleibst doch ein Ostmensch, weil
Im Westen hier sagt man nicht Sputnik!

Mein Lieber, ich hab grad so schön geträumt
Hör zu, sonst vergess ich es wieder
Ich hörte dich singen – so schön wie noch nie
Für mich: neue Liebeslieder!
Dann schlief ich wohl ein, und sie lag wach
Mit mir unterm Sternengewimmel
In unserem Tausendsternehotel
Die Nacht unter freiem Himmel

Szene einer Ehe

Vom frischen Morgenwind blitzblank gewaschen
Steht mir das Pyrénéenmassiv im Fenster
Wie weggezaubert alle Nachtgespenster
Weiß ziehn im hohen Blau die Wasserflaschen

Paar Möwen klagen und die Spatzen lachen
Die Schwalben haben keine Zeit im Flug
Ein kurzer Flügelschlag ist Lied genug
Schon sind sie fort mit hundertachtzig Sachen

In welchem Labyrinth warst du, mein Mädchen
Als du so kalt mit mir im Bette lagst?
Was ist dein Kummerknochen, den du nagst?
Schau her: Ich hab ein Ariadnefädchen

Für Ariadne selber – rette dich!
So findest du ganz nebenbei auch mich

Pamelas Lied

Und läuft das Leben nicht so, wie ich dachte
Und grämt dich Scham – und mich lähmt Bitternis
Dann lach sie an die Wand, all die Gespenster
Im Zweifel bleib dir deiner selbst gewiss

    Wir leben ewig, trotz der Widrigkeiten
    Ich rechne mit dem Schlimmsten immerdar
    Unwirtlich war die Welt zu allen Zeiten
    Das ändert sich. Und bleibt doch, wie es war

Lang ist der Winter manchmal hier im Norden
Dann blaff ich in die Welt: Rührmichnichtan!
Und weiß ja doch, dass Knospen, die noch schlafen
Ein Sonnenkuss im Frühling wecken kann

    Wir leben ewig, trotz der Widrigkeiten
    Ich rechne mit dem Schlimmsten immerdar
    Unwirtlich war die Welt zu allen Zeiten
    Das ändert sich. Und bleibt doch, wie es war

Auch ich ward immer wieder Mal betrogen
In falschem Hoffen. Und trotzalledem
Ich wagte und gewann und hab verloren
So ist nun mal das Leben: unbequem

    Wir leben ewig, trotz der Widrigkeiten
    Ich rechne mit dem Schlimmsten immerdar
    Unwirtlich war die Welt zu allen Zeiten
    Das ändert sich. Und bleibt doch, wie es war

Die Bäume blühn, brülln auch die Weltverwüster
Im Universum kräht nach uns kein Stern
Mein Paradies ist hier mit dir, auf Erden
Dein freches Lächeln küsse ich so gern

    Wir leben ewig, trotz der Widrigkeiten
    Ich rechne mit dem Schlimmsten immerdar
    Unwirtlich war die Welt zu allen Zeiten
    Das ändert sich. Und bleibt doch, wie es war

Bildnis eines alten Dichters

An deiner Seite zur Seit', Allerliebste, leis
Sollst du mich, wenn ich schnarche, drehn
Nervt dich mein saurer Altmännerschweiß
Schenk mir die Lüge: Du riechst so schön

Hat mich die Furcht, verkläre es als Lebensklugheit
Und werd ich grob, dann sag du: Typisch Mann
Und meinen Geiz – lob du ihn mir als Sparsamkeit
Und wenn mein Will will und nicht mehr kann

Dann lasse du es gelten als Vermenschlichung
Und Ungeduld (die meine!) sei dir Leidenschaft
Und wenn ich schwanke, nenne du mich jung
Und nimm mein Zittern als Zeichen von Kraft

Doch wenn mein Lied dein Herze nicht mehr bricht
Lach mich kalt an. Und verlasse mich.

Heimweh

Die heile Heimat Utopie hab ich verloren
Dafür und ganz kaputt die halbe Welt gewonnen
Als Kommunistenketzer ward ich neu geboren
Als Mann erst ist mein Kinderglaube mir zerronnen

Hab manchmal Heimweh noch nach
                         diesem blöden Hoffen
Statt Mensch wär ich viel lieber Marxens Zwergenriese
Die alte Sehnsucht macht mich manchmal
                         noch besoffen
Spür nächtens den Phantomschmerz aus dem Paradiese

Dies Höllen-Heimweh trieb mich weg vom Vaterlande
Ins Land der Troubadours, wo Wein
                         wächst wie die Lieder
Es trieb mich auch ins Land der Väter, fern am Rande
Traf dort dreitausend Jahre alte Freunde wieder

Allein in meinem kurzen Menschenleben fraß ich
Zwei Diktaturen, schluckte mehrere Epochen
Die echten Kriege, falschen Frieden – nichts vergaß ich
Hab oft nach Angstschweiß wie
                         nach Heldentum gerochen

Schlief tief im feinen Duft aus deinen Lebenssäften
Mein Weib, du bist Utopia für mich geblieben
Ich könnt nicht singen, dichten, hassen, schrein
                    nach Kräften
Schon gar nicht schweigen ohne unser blindes Lieben

Nachwort

»Ich wollte mit meinen Versen immer beides: ins Bett meiner Liebsten und auf die Straße ins politische Getümmel.«

Wolf Biermanns scheinbar beiläufige Randbemerkung aus seinen Poetik-Vorlesungen an der Düsseldorfer Heinrich-Heine-Universität führt direkt ins Herz seines dichterischen Schaffens. Etwas nobler formuliert und mit dem Siegel der Allgemeingültigkeit versehen, lautet Biermanns Credo: »Wer nicht in der Liebe eines einzelnen Menschen ruht, der braucht sich auf den Streit der Welt gar nicht erst einzulassen.«

Dass politischer Mut und poetische Anmut keine Gegensätze sind, sondern einander dialektisch bedingen, lässt sich nirgends besser nachlesen und nachhören als in den Büchern und auf den CDs des Liederdichters. Der Rückhalt in der Liebe, die Geborgenheit bei seinen jeweiligen Liebsten und auch bei seinen Freunden schützte Biermann in der DDR vor dem Hinterhalt seiner politischen Feinde. Dem »Drachentöter mit dem klingenden Holzschwert«, als der sich der Sänger und Gitarrist gern bezeichnet, war die Liebe immer Waffe und Lindenblatt zugleich: Sie stachelte ihn an im politischen Streit mit den Mächtigen. Dass Biermann jedoch in Herzensangelegenheiten auch am verwundbarsten war, wussten nicht nur die »Genossen der Staatssicherheit«. Zwar fand sich glücklicherweise kein Hagen, der dem verhassten Helden rücklings den meuchlerischen Todesstoß versetzen konnte, aber dafür wurden ein Hager, Mielke, Honnecker nicht müde, Biermanns Liebesbeziehungen mit perfide ausgeklügelten Zersetzungsmaßnahmen zu zerrütten. Eheliche Zwietracht zu säen gehörte als eines von vielen Druckmitteln zum zerstörerischen Maßnahmenkatalog der »Firma«, wie das Ministerium für Staatssicherheit ironisch im DDR-Volksmund genannt wurde.

Wolf Biermann konnte immerhin beim Studium seiner umfangreichen Stasi-Akten, die seine Verfolger über ihn angelegt hatten, erfahren: Letzten Endes blieben die meisten Angetrauten und Vertrauten trotz harter Repressalien doch standhaft und hielten zu ihm. Dass es so war, mag nicht nur an der Stärke des Dichters, sondern auch an der mitreißend-poetischen Kraft seiner Lieder gelegen haben.

Für Biermann war die Liebe zeitlebens nie ein biedermeierliches Refugium, das Liebesnest kein idyllischer Ruhepol im Wolkenkuckucksheim. Eben weil gesellschaftliches und privates Leben unablässig ineinandergreifen, sich gar bedingen, ist auch das Lieben in allen Phasen und mit all seinen Facetten dem Zugriff der herrschenden Verhältnisse ausgesetzt, im schlimmsten Fall auch ausgeliefert. Der politische Streit mit den DDR-Oberen erwies sich bei Biermann oft als Fels, auf den der Regimekritiker verlässlich bauen konnte, während ihm die Liebe zur gefährlichen Brandung wurde, die die Liebenden zu zerschmettern drohte.

Der breiten Öffentlichkeit ist Wolf Biermann in erster Linie als streitbarer politischer Liedermacher bekannt. Einige kennen die Geschichte des Hamburger Kommunistensohns, der mit siebzehn Jahren in die DDR, ins »sozialistische Vaterland«, übersiedelte, um am Aufbau einer besseren Gesellschaft mitzuwirken. Später trotzte er dort mit frechen Stücken, Gedichten und Liedern seinem zwölf Jahre währenden Auftritts- und Publikationsverbot, bis er schließlich als linker Dissident während einer Konzertreise durch die Bundesrepublik 1976 vom SED-Staat ausgebürgert wurde. Als der deutschdeutsche Exilant in seine Heimatstadt Hamburg zurückkehrte und später der kommunistischen Heilslehre abschwor, löste dieser Abfall vom revolutionären Glauben bei ihm weder Verstummen noch politischen Katzenjammer aus, sondern das Gegenteil: Gerade in existenziellen Krisensituationen wächst Biermann stets dichterisch über sich hinaus.

Manche seiner Lieder, wie etwa die »Ermutigung«, sind ähnlich wie Heinrich Heines »Loreley« oder Bertolt Brechts »Mackie Messer« zum Volkslied geadelt worden. Biermanns einstige politische Widersacher wurden von der Geschichtsbühne weggefegt und wären längst vergessen, hätte er sie nicht wie Insekten im »Bernstein der Balladen« konserviert.

Noch immer verstört der fahrende Sänger all die festgefahrenen Schöngeister, die die Herzenslyrik vom gar garstigen politischen Lied hübsch getrennt halten möchten und sich dabei auf ein fragwürdiges Reinheitsgebot berufen. In deren Augen hat die Liebe bei den Barrikaden im »Freiheitskrieg der Menschheit« nichts zu suchen, Gartenlaube und Schäferkarren sollen auf ewig ihre Domäne sein. Wolf Biermann hat sich solchen bildungsbürgerlichen Dogmen stets verweigert und mit seinem dichterischen Werk neue Akzente gesetzt.

Dass ein Liebeslied politisch Karriere machen kann, wie etwa Jean-Baptiste Cléments »Les temps des cerises« (»Zeit der Kirschen«) von 1866, das scheinbar arglos das Ende der Kirschenzeit besingt und fünf Jahre später zum Revolutionsschlager der niedergeschlagenen Pariser Commune avanciert, darauf hat Biermann öfters hingewiesen. Im Schlachtenlärm hören die Menschen lieber leisere Lieder, während im roten Plüsch der Salons gern wohlfeiles Kampfgebrüll angestimmt wird. Immer wieder hat der hanseatische Poète Chanteur die Trennung zwischen den Literaturgattungen, die nichts anderes als bildungsbürgerliche Gatter sind, durchbrochen: »Nach meiner Arbeitsmethode und Ästhetik kann ein Lied oder Gedicht nur dort entstehen, wo sich das Politische mit dem Privaten überschneidet.« Und an anderer Stelle:

»Ich habe den mir auferlegten Teil der Weltgeschichte immer zugleich als Familiengeschichte erlebt.«

Lustwandeln in der Idylle ist, wie gesagt, Biermanns Sache nicht. Aber die Lust am Wandel treibt ihn auch heute noch weiter an zu neuen Texten, zu Essays, Liedern und Gedichten.

Die vorliegende Auswahl präsentiert ein Herzstück aus Biermanns umfangreichem dichterischen Gesamtwerk. In diesem Bändchen kommen die ganz persönlichen Liebesbezeugungen des Dichters zu Wort: Hier trauert der junge Poet altersweise am Anfang seiner unsicheren Laufbahn zuweilen über den Verlust der Geliebten, hier frohlockt der in die Jahre gekommene Sänger jugendnärrisch über die Wonnen der Liebe.

Als studierter Hegelianer versteht es Biermann meisterlich, große politische Konflikte, wie sie sich tagtäglich in kleinen Menschendramen widerspiegeln, in der Literatur aufzuheben. In seinen Arbeiten verknüpft sich das Sinnliche mit dem Sinnigen, der Eros mit der Vernunft. Die Spannweite der leisen und lauten Töne beherrscht er treffsicher – und das nicht erst, wenn er seine Lieder zur Gitarre vorträgt, sondern bereits in ihrer poetischen Konstruktion.

Wir alle oszillieren zwischen Wohl und Wehe, solange wir lieben. In unserer schönen deutschen Sprache trennt nur ein einziger Buchstabe das »Wunder« von der »Wunde«. Wolf Biermann weiß immer noch und immer wieder ein Lied davon zu singen, »ein neues Lied, ein bess'res Lied«, wie es Heinrich Heine postulierte.

Biermanns Liebesdichtung spiegelt die uralte Menschheitserfahrung, die uns stets aufs Neue umtreibt: Keine Liebe währet ewiglich. Aber ewig hält sie uns in Atem.

Andreas Öhler, im Juni 2010

Quellen

Die Texte sind erschienen in:

Die Drahtharfe
Klaus Wagenbach, Berlin 1965:
Ballade von der beißwütigen Barbara

Mit Marx- und Engelszungen
Klaus Wagenbach, Berlin 1968:
Hohe Huldigung für die Geliebte; Die grüne
Schwemme; Ach Freund geht es nicht auch dir so?
Winterlied; Von mir und meiner Dicken in den
Fichten; Frühling auf dem Mont-Klamott

Deutschland. Ein Wintermärchen
Klaus Wagenbach, Berlin 1972:
Ballade von Leipzig nach Köln

Für meine Genossen
Klaus Wagenbach, Berlin 1972:
Nicht sehen – nicht hören – nicht schrein *oder:* Ballade
von meiner Mutter einzigem Sohn; Ballade vom
Traum; Der Hugenottenfriedhof

Preußischer Ikarus
Kiepenheuer & Witsch, Köln 1978:
Die Elbe bei Dresden; Das Frühstück; Einschlaf-
und Aufwachelied; Der schwarze Pleitegeier *oder:* Eure
Farben sind nicht meine Farben; Steine-Lied; Die
Bibel-Ballade; Kuckuck Kuckuck; Und wir hatten
keine Höhle; Und als wir ans Ufer kamen

Verdrehte Welt – das seh' ich gerne
Kiepenheuer & Witsch, Köln 1982:
Der alte Pierre geruht

Affenfels und Barrikade
Kiepenheuer & Witsch, Köln 1986:
Hochwasser in Paris; Mein Herz weiß alles bes-
ser; Durst; Die Ehescheidenden; himmel hölle erde;
Ehestrich; Das mit den Männern und den Fraun;
Regenbogen; Überfahrt; Nebbich!

Alle Lieder
Büchergilde Gutenberg, Frankfurt am Main 1991:
Die Ballade von der Sehnsucht, die müde macht;
Osterlied; Auf den Dächern von Berlin; Fallen die
Blätter der Rose; Die Sonnenpferde; Fällt mir der
Himmel auf den Kopf; Frauen haben mich gefressen;
Kunststück

Alle Gedichte
Kiepenheuer & Witsch, Köln 1995:
Meleken an der Elbe bei Brokdorf

Paradies uff Erden. Ein Berliner Bilderbogen
Kiepenheuer & Witsch, Köln 1999:
Er kam mit dem Wind; Ich lag wohl; Luderliedchen;
David und Goliath

Liebespaare in politischer Landschaft
Philipp Reclam, Stuttgart 2000:
Spätsommer, östlich von Flensburg

Heimat. Neue Gedichte
Hoffmann und Campe, Hamburg 2006:
La Douce France; Mal abgesehn von Liebe;
Westöstliches Liebespaar; Szene einer Ehe; Pamelas
Lied; Bildnis eines alten Dichters; Heimweh

Berlin, du deutsche deutsche Frau
Hoffmann und Campe, Hamburg 2008:
Auf den Dächern von Berlin

Unveröffentlicht:
Frauen haben mich gefressen; Idylle im Exil

Die Lieder sind nachzuhören auf CDs vom Verlag
Zweitausendeins:

Wolf Biermann (Ost) zu Gast
bei Wolfgang Neuß (West) (**1965**):
Kunststück

Chausseestraße 131 (**1969**):
Frühling auf dem Mont-Klamott

Warte nicht auf bessre Zeiten (**1973**):
Nicht sehen – nicht hören – nicht schrein *oder* Ballade
von meiner Mutter eigenem Sohn; Der Hugenotten-
friedhof

ah – jaa! (**1974**):
Von mir und meiner Dicken in den Fichten

Liebeslieder (**1975**):
Die grüne Schwemme; Die Elbe bei Dresden; Das
Frühstück; Einschlaf- und Aufwachelied; Der schwarze
Pleitegeier *oder:* Eure Farben sind nicht meine Farben;
Steine-Lied; Die Bibel-Ballade; Kuckuck Kuckuck

Im Hamburger Federbett (**1983**):
Der alte Pierre geruht

Die Welt ist schön (**1985**):
Und wir hatten keine Höhle; Mein Herz weiß alles
besser; himmel hölle erde; Das mit den Männern und
den Fraun; Regenbogen

Seelengeld (**1986**):
Nebbich!

VEB — volkseigener Biermann.
Uralte Lieder vom jungen Wolf (**1988**):
Ballade von Leipzig nach Köln; Osterlied; Fallen die
Blätter der Rose

Nur wer sich ändert, bleibt sich treu (**1991**):
Bildnis einer jungen Frau; Im Schilf auf die Schnelle

Süßes Leben — saures Leben (**1996**):
Hochwasser in Paris; Meleken an der Elbe bei
Brokdorf; Spätsommer, östlich von Flensburg;
Er kam mit dem Wind; David und Goliath

Paradies uff Erden – Ein Berliner Bilderbogen (**1999**):
Ich lag wohl

Ermutigung im Steinbruch der Zeit (**2001**):
Und als wir ans Ufer kamen

Heimkehr nach Berlin Mitte (**2007**):
La Douce France; Pamelas Lied; Bildnis eines alten
Dichters; Heimweh

Biographische Notiz

WOLF BIERMANN, geboren am 15. November 1936 in Hamburg, ist der Sohn eines kommunistischen Werftarbeiters, der 1943 als Jude im KZ Auschwitz ermordet wurde. 1953 übersiedelte Biermann in die DDR. Ab 1965 wird ein totales Auftritts- und Publikationsverbot über ihn verhängt sowie eine Reisesperre nach Ost und West. Als ihm 1976 eine Tournee durch die Bundesrepublik genehmigt wird, ist das erste Konzert in Köln der Vorwand, ihn wegen »Staatsfeindlichkeit« aus der DDR auszubürgern. Er erhielt zahlreiche Auszeichnungen, u. a. den Friedrich-Hölderlin-Preis (1989), den Georg-Büchner-Preis (1991), den Heinrich-Heine-Preis (1993) und den Nationalpreis (1998). 2007 wurde ihm die Ehrenbürgerschaft der Stadt Berlin verliehen, 2008 die Ehrendoktorwürde der Humboldt-Universität zu Berlin. Wolf Biermann lebt mit seiner Familie in Hamburg.

Mehr Informationen unter: *www.wolf-biermann.de*

Der Herausgeber **ANDREAS ÖHLER**, Jahrgang 1958, ist studierter Literatursoziologe, Publizist und Regisseur. Für ARD, ZDF und ARTE realisierte er mehrere Fernsehdokumentationen, unter anderem auch über Wolf Biermann. Seit 2000 arbeitet er als Literaturredakteur der politischen Wochenzeitung *Rheinischer Merkur* in Bonn. 2008 veröffentlichte er *Öhlers Straßenlieder*.